Cambiando el medio ambiente

Shelly Buchanan, M.S.Ed.

Asesora

Caryn Williams, M.S.Ed.
Madison County Schools
Huntsville, AL

Créditos de imágenes: Portada y pág. 1 iStock; págs. 23 (arriba), 32 Ashley Cooper/Alamy; pág. 26 Blend Images/Alamy; págs. 10–11 (fondo) Christian Kober 1/ Alamy; págs. 2–3 Jim West/Alamy; pág. 29 (arriba) Tetra Images/Alamy; pág. 19 (arriba) Brad Perks Lightscapes/ Alamy; pág. 19 (fondo) The Bridgeman Art; pág. 21 (arriba) ChinaFotoPress/Getty Images; pág. 6 Dorling Kindersley/Getty Images; pág. 9 (arriba) Inga Spence/ Getty Images; pág. 11 (arriba) Romeo Gacad/AFP/Getty Images; págs. 7 (arriba), 20 (abajo), 24–25, 28 (arriba), 29 (abajo) iStock; pág. 27 Paul Burns/Getty Images; todas las demás imágenes pertenecen a Shutterstock.

Teacher Created Materials
5301 Oceanus Drive
Huntington Beach, CA 92649-1030
http://www.tcmpub.com

ISBN 978-1-4938-0597-6
© 2016 Teacher Created Materials, Inc.

Printed in Malaysia.
Thumbprints.43746

Índice

La vida en la Tierra

¿Qué es lo que más te gusta de nuestro planeta? ¿Los bosques o las playas? ¿Las montañas o las praderas? Tal vez sea tu propio jardín trasero. La Tierra tiene muchos espacios naturales de gran belleza. También nos ofrece **recursos naturales** para utilizar según nuestros deseos y necesidades. Los recursos naturales son cosas como el agua y los árboles.

Los seres humanos han hecho muchos cambios en la Tierra a través del tiempo. Actualmente, vivimos de manera diferente de como lo hacían las personas hace mucho tiempo. Usamos el **medio ambiente** de muchas maneras. Utilizamos los recursos para hacer cosas. Impactamos el planeta por la forma en que vivimos. Todavía estamos aprendiendo cómo aprovechar mejor nuestro mundo y sus recursos. Hemos aprendido que debemos cuidar la Tierra, ya que nos cuida a nosotros.

Los primeros seres humanos cazaban animales y recolectaban plantas para alimentarse. Iban de un lugar a otro en busca de comida. Con el tiempo, algunas personas comenzaron a quedarse en un solo lugar. Talaron árboles y cambiaron la tierra. Comenzaron a criar animales y cultivar. Poco a poco, construyeron pueblos y ciudades cercanos al agua y otros recursos naturales que necesitaban.

Hoy en día, todavía usamos los recursos de la Tierra. Nos alimentamos de plantas y animales. Utilizamos el agua para beberla y hacer otras cosas. Pero hoy, no tenemos que vivir cerca de nuestros recursos. Podemos conseguir comida y agua desde muy lejos gracias al uso de camiones, trenes y tuberías. Vivimos de forma muy diferente de nuestros **ancestros**.

Una mujer se encarga de los cultivos hace mucho tiempo.

Este camión lleva comida de una granja.

Esta tubería transporta agua a través del desierto por millas.

Los granjeros necesitan mucho espacio para los cultivos.

La agricultura y la tala

Actualmente, hay más personas en la Tierra que nunca antes. Esto significa que hay una gran cantidad de personas que necesitan alimentos. Los granjeros crían animales y cultivan para que la gente tenga qué comer. Los granjeros necesitan tierra para los animales y cultivos. A veces, tienen que talar bosques o despejar campos para utilizar la tierra para la agricultura.

Un leñador corta una secuoya.

Siete mil millones

La cantidad de personas en la Tierra se ha duplicado en los últimos 50 años. Actualmente, ¡casi siete mil millones de personas viven en la Tierra!

Muchas ciudades están superpobladas.

La gente también despeja bosques al talarlos. La tala es cuando se cortan árboles para utilizar la madera. La madera se usa para construir cosas, como casas. El papel también se hace de los árboles. Los bosques también se talan para hacer lugar para que la gente viva y trabaje. Con más personas en el mundo, nuestros pueblos y ciudades son cada vez más grandes. Pero, nuestros bosques son cada vez más pequeños.

La tala de árboles está causando problemas. Las personas necesitan árboles para vivir. Los árboles producen **oxígeno**. Necesitamos oxígeno para respirar. Los árboles también ayudan a mantener fresca la Tierra. Con menos árboles en la Tierra, las temperaturas están subiendo.

Los bosques también actúan como esponjas para la lluvia. Retienen el agua. Luego, la liberan lentamente en el suelo y el aire. Sin árboles, la lluvia llega al suelo y se escurre. Esto puede causar inundaciones. Los nutrientes también se escurren del suelo. Esto lo deja seco e **infértil**.

Los animales también necesitan bosques. Al igual que nosotros, necesitan oxígeno. Además, algunos no son capaces de sobrevivir en un planeta más cálido. Es más, muchos animales viven en los bosques. Este es su **hábitat**. Despejar los bosques puede dejar a algunos animales sin hogar.

Curemos los bosques

Es importante salvar los bosques. Muchos de nuestros medicamentos provienen de ellos. Utilizamos partes de las plantas para hacer medicamentos que salvan vidas.

Algunos bosques lluviosos están protegidos. No se pueden talar.

Otros bosques lluviosos no están protegidos y han sido destruidos.

Este hombre recolecta plantas que se utilizarán para hacer medicamentos.

Estas ruedas hidráulicas se construyeron en Siria hace 3,000 años.

Domar las aguas

El agua es un recurso natural importante. Pero no podemos utilizar la mayor parte del agua de la Tierra. La mayoría es agua de mar, que es demasiado salada para beberla. Parte del agua está congelada en **glaciares**. Son grandes trozos de hielo que se mueven lentamente.

Hoy en día, se usa la mitad de agua del mundo. Utilizamos el agua para lavar las cosas. ¡También la bebemos! Los animales necesitan beber agua para vivir y los cultivos necesitan agua para crecer. La cantidad de agua es limitada, por lo que necesitamos tomar buenas decisiones acerca de cómo la utilizamos.

Ruedas hidráulicas

Hace mucho tiempo, la gente aprendió a usar el agua para aprovechar su energía. Para esto, usaron ruedas hidráulicas. Son grandes ruedas que se ponen en movimiento por la acción del agua que fluye.

Estas fresas necesitan agua para crecer.

La presa Hoover utiliza el agua del río para generar energía.

¡También utilizamos el agua para producir energía! Las personas construyen grandes **presas**. Son muros que evitan que el agua de un río fluya. Luego, el agua pasa a través de una tubería y hace girar una **turbina**. Una turbina es como un gran molinete. Este movimiento crea la energía que podemos utilizar.

Las presas nos ayudan a usar el agua para aprovechar la energía. Pero también afectan la naturaleza. Las presas cambian el hábitat de los animales que viven en la zona. Menos peces pueden vivir en el agua más abajo de la presa. Por lo tanto, los animales que se alimentan de los peces tienen menos comida. A veces, la tierra más abajo de la presa se seca. Crecen menos plantas porque hay menos agua. Por eso, los animales que se alimentan de las plantas pasan hambre.

Las presas también afectan a las personas que viven cerca de ellos. Las presas ofrecen una fuente natural de energía. Pero también pueden secar las tierras para cultivos. Cultivar se hace más difícil y los animales de granja tienen menos agua para beber. Esto significa que las granjas no pueden producir tanto alimento como lo hacían antes. Al mismo tiempo, hay más personas que necesitan comida.

El agua fluye a través de la presa Hoover.

Esta es la presa Glen Canyon en Page, Arizona.

Construir ciudades

Muchas más personas viven en ciudades hoy que hace 100 años. Más de la mitad de las personas del mundo viven en ciudades o cerca de estas. La mayoría de los trabajos se encuentran en las ciudades. Algunas personas se trasladan a las ciudades para estudiar. Las ciudades también tienen más medios de **transporte** público. Hay autobuses y trenes. Estos llevan a la gente adonde necesita ir.

Este tren transporta personas en Chicago.

Las ciudades tienen muchas cosas buenas. Nos facilitan la vida. Tenemos la oportunidad de conocer a más gente de más lugares. Pero las ciudades cada vez más grandes pueden tener un impacto negativo en el medio ambiente. Las ciudades ocupan mucho espacio natural.

Hace mucho tiempo, la gente solía vivir y trabajar en aldeas. Allí, vivían grupos pequeños de personas. Se desplazaban a pie de un lugar a otro. Iban a caballo hasta las aldeas cercanas. No viajaban mucho. Cuando lo hacían, no iban muy lejos.

Actualmente, las personas viajan mucho. Viajan distancias más grandes y mucho más rápido. Actualmente, tenemos automóviles, trenes, autobuses y aviones. Esto significa que podemos vivir más lejos del trabajo o la escuela. Muchas personas ahora viven en los suburbios. Son comunidades fuera de las ciudades. Pero todas estas cosas nuevas ocupan más espacio natural. También usan más energía.

Hoy, la gente viaja en avión y tren.

Hoy en día, muchas personas viven en grandes ciudades, como Seattle en Washington.

Hace mucho tiempo, muchas personas vivían en pequeñas aldeas como esta.

Las carreteras unen ciudades y estados. Los aviones y barcos unen países. Pero estas cosas también cambian nuestro planeta. La forma en que vivimos afecta el medio ambiente. Los automóviles, los aviones y los barcos provocan la **contaminación** del aire. Esto significa que ensucian el aire. Las **fábricas** también contaminan. Las fábricas son edificios que se utilizan para hacer cosas. A veces, generan un humo oscuro que contamina el aire.

Energía limitada

La mayor parte de nuestra energía proviene del petróleo y del carbón. Pero nos estamos quedando sin estas fuentes de energía. No siempre podremos vivir como lo hacemos ahora.

Este barco (abajo) y la fábrica (derecha) contribuyen a la contaminación del aire.

La contaminación del aire es mala para el planeta. Todos los seres vivos necesitan aire limpio para vivir. El aire contaminado hace que la lluvia se ensucie. Esto se llama *lluvia ácida*. Las gotas de lluvia llevan la contaminación al suelo y al agua. Esto es malo para las plantas, los animales y los seres humanos que beben esa agua.

En algunos países, la gente usa máscaras para protegerse de la contaminación del aire.

Las nubes contaminadas producen lluvia ácida.

La contaminación llega al aire.

Los automóviles producen contaminación.

Las fábricas producen contaminación.

La contaminación llega al agua.

Planificar nuestro futuro

Nuestro planeta sigue teniendo el mismo tamaño, aunque en la actualidad más personas viven aquí. Esto hace que la gente se haga preguntas difíciles de responder. ¿Dónde viviremos y trabajaremos todos? ¿Habrá suficiente comida y agua limpia para todos? ¿Qué pasará con los recursos naturales? ¿Se agotarán?

Estos huertos hidropónicos se cultivan en interiores sin suelo. Cultivar plantas en interiores requiere menos agua.

Algunas personas buscan mejores maneras para que vivamos en la Tierra. Estas personas se llaman **ambientalistas**. Tienen ideas sobre cómo podemos utilizar mejor los recursos. Estas personas ayudan a los granjeros con nuevas formas de cultivar y criar animales. Nos ayudan a aprender por qué debemos reemplazar los bosques. Buscan formas de reducir la contaminación.

Estas personas protestan para salvar los bosques.

También estamos aprendiendo nuevas maneras de generar energía. Hemos empezado a utilizar energía **renovable**. Esto significa que no se agotará. El sol es una gran fuente de energía renovable. La energía que utilizamos del sol se llama *energía solar*. Actualmente, algunas personas la utilizan para calentar e iluminar las casas. También se puede utilizar para calentar el agua.

El viento es otra fuente de energía renovable. Algunas personas usan turbinas de viento. Estas aprovechan la energía del viento. El viento sopla y hace girar las aspas. Al igual que una rueda hidráulica, las aspas giratorias convierten este movimiento en energía que podemos utilizar. La energía renovable ayuda a mantener nuestro planeta limpio. Estas son todas soluciones excelentes. Pero aún debemos ser muy cuidadosos. No podemos abusar de lo que la Tierra tiene para ofrecer.

Los paneles solares en una casa absorben la energía solar.

Trabajadores inspeccionan paneles solares cerca de unas turbinas de viento.

¡Tú también puedes ayudar!

No tienes que ser un adulto para marcar la diferencia. Los jóvenes también pueden ayudar a salvar la Tierra. Puedes reunirte con amigos para ayudar a limpiar un parque. Con tu clase, puedes ayudar a limpiar los alrededores de la escuela. Puedes recordar a tu familia que use menos agua. Esto significa cerrar el grifo mientras te cepillas los dientes. También puedes pedir a tus padres que te ayuden a **reciclar**. Esto significa convertir cosas viejas en nuevas cosas que podamos usar.

Nuestro planeta tiene muchos recursos que nos ayudan a vivir. Pero debemos usarlos con cuidado. Puedes ayudar a ahorrar energía todos los días. Juega afuera en lugar de mirar la televisión. Usa un suéter en lugar de subir la calefacción. Cultiva y prepara tu propia comida en lugar de salir a comer. Debemos ser prudentes y usar los recursos con cuidado.

¡Apaga las luces!

Las luces utilizan energía. Pide a tus padres que usen bombillas ahorradoras de energía. Y recuerda apagar las luces cuando nadie las esté usando.

Los periódicos y las botellas de plástico se pueden reciclar.

¡Sálvalo!

Aprende acerca de una planta o un animal de tu comunidad. Escribe y dibuja algo que puedas hacer para ayudar a salvar su hábitat. ¡Comparte tu dibujo con los demás para que también puedan ayudar!

Esta niña limpia un arroyo.

Este niño le cuenta a su clase cómo salvar hábitats.

Estos niños aprenden acerca de un hábitat de su comunidad.

Glosario

ambientalistas: personas que trabajan para proteger el mundo natural

ancestros: personas que vivieron antes que nosotros

contaminación: sustancias que ensucian la tierra, el agua o el aire y ya no es seguro usarlos

fábricas: edificios o grupos de edificios en los que se hacen productos

glaciares: inmensas áreas de hielo que bajan lentamente por una pendiente

hábitat: un lugar donde vive y crece una planta o un animal

infértil: con muy pocas plantas

medio ambiente: el mundo natural

oxígeno: un elemento que se encuentra en el aire y que es necesario para la vida

presas: estructuras que se construyen sobre ríos o arroyos para detener el paso del agua

reciclar: hacer algo nuevo de algo que se usó anteriormente

recursos naturales: cosas que existen en el mundo natural que un país puede usar

renovable: que la naturaleza o los procesos naturales pueden reemplazarlo

transporte: un sistema mediante el cual se trasladan personas o cosas de un lugar al otro

turbina: una estructura con aspas que giran con el viento o en el agua

Índice analítico

¡Tu turno!

Marca la diferencia

Utilizas los recursos de la Tierra todos los días. Piensa en formas de utilizar menos recursos. Haz una lista. Comparte esta lista con tu familia y amigos para que ellos también puedan marcar la diferencia. ¡Y luego, ahorremos recursos!